MÉMOIRE A CONSULTER

ET

CONSULTATION

POUR

FELIX TOURNACHON dit NADAR

CONTRE

ADRIEN TOURNACHON Jeune et Compagnie

FAITS.

M. Félix Tournachon, qui s'est fait connaître dans les arts et dans les lettres sous le pseudonyme de NADAR, pseudonyme qu'il a créé, s'oppose à ce que le sieur Adrien Tournachon et ses associés se servent du nom de NADAR JEUNE qui ne leur appartient pas légalement, et que rien ne les autorise à porter. M. Félix Tournachon demande à garder seul le nom de NADAR que seul il a rendu populaire; il se plaint que l'usurpation de MM. Adrien Tournachon et Compagnie lui cause un préjudice considérable.

Tel est le procès soumis à la Cour; fort simple en apparence, il renferme cependant une question de droit neuve et délicate : la propriété d'un pseudonyme. En outre, les circonstances de l'affaire demandent un examen sérieux. Le Tribunal de commerce a tranché la question de droit et la question de fait dans un sens contraire aux prétentions de M. Félix Tournachon; mais, avec tout le respect que nous portons aux juges consulaires, il nous sera permis de dire que les motifs sur lesquels le Tribunal appuie sa décision ne nous paraissent ni concluants quant au fait, ni justes quant au droit. Nous attendons de la justice de la Cour qu'elle rétablisse les vrais principes dans une affaire qui ne touche pas seulement l'appelant, mais qui a un intérêt général pour les commerçants, aussi bien que pour les inventeurs et les artistes.

CONSULTATION

POINT DE DROIT.

Voyons donc quels sont les principes engagés dans ce procès. C'est une recherche neuve et curieuse, car il n'y a pas de loi expresse qui statue en ce point, et il faut recourir aux règles générales de l'équité. Heureusement que ces règles sont assez certaines pour qu'il n'y ait pas besoin de longs développements.

Qu'un nom soit une propriété individuelle, que chacun ait le droit de défendre le nom qu'il a reçu de ses aïeux contre les usurpations de la vanité ou de l'intérêt, cela ne fait pas l'objet d'un doute. Notre nom, c'est nous-même ; en protégeant notre nom, c'est notre personne même que la loi défend d'un trouble que rien ne justifie.

Mais ce n'est pas tout : notre nom n'a pas seulement pour nous un intérêt personnel, un intérêt d'honneur ; souvent aussi c'est une propriété commerciale, un capital, une chose de grand prix. Un nom connu dans les affaires, c'est quelquefois l'équivalent d'une fortune. Aussi pouvons-nous appeler les tribunaux à notre aide pour qu'ils nous garantissent contre une concurrence illégitime. Nul ne peut se servir contre nous d'un nom qui nous appartient, d'un nom dont la notoriété nous a souvent coûté de longs sacrifices. C'est là une question qui a été jugée tant de fois qu'il est inutile d'y insister.

Sur quel principe s'appuient les tribunaux quand ils rendent une décision semblable ? Sur un principe dont la justice est évidente. De toutes les propriétés, la plus respectable et la plus sainte, c'est assurément celle qui représente la réunion du travail et de l'honnêteté. Or, un nom commercial n'est pas autre chose. La première richesse d'un commerçant, c'est sa réputation, c'est le crédit qu'il conquiert par son labeur ; le nom de sa maison résume cette réputation. Il y aurait une extrême injustice à permettre qu'un étranger s'emparât sans droit de cette bonne renommée, de ce nom qui est le prix d'une vie utilement employée. D'un autre côté, la société est intéressée à ce qu'on ne la trompe point, et à ce que le travail de chacun de ses membres soit respecté et garanti. C'est ce qu'a bien senti la jurisprudence, sévère gardienne des droits acquis. Elle repousse tout ce qui peut donner le change au public : ressemblance de nom, d'enseigne, de marques, d'étiquettes ; elle veut que chacun profite de ses œuvres, et en profite exclusivement.

Le nom étant un capital, il arrive quelquefois qu'il se détache de la personne même, et qu'il reste à une maison nouvelle comme dénomination particulière, comme recommandation publique. On voit chaque jour des négociants qui, en quittant les affaires, laissent leur nom à l'établissement qu'ils ont fondé, et souvent ce nom fait tout le prix de la maison qu'ils cèdent à des successeurs. Ce qu'on achète à un Tortoni, à un Farina, c'est le nom. Et en effet, c'est grâce à ce pseudonyme que des gens intelligents, mais inconnus, conservent la faveur du public et la clientèle de leurs prédécesseurs. Ce titre ainsi acheté est une propriété très-respectable, et il suffit de feuilleter les recueils pour y rencontrer d'excellents arrêts qui ont protégé ces noms acquis à l'égal d'un nom personnel (1).

Ce que la jurisprudence a fait pour un fonds de commerce, le fera-t-elle moins pour ce qu'on nomme la propriété artistique, et quand les raisons de décider sont les mêmes, la décision peut-elle varier ?

La propriété artistique est de date récente, mais déjà elle a pris une belle place dans notre société. Elle représente cette union de l'art et de l'industrie, qui est une des grandes supériorités de la France. Cette élégance de nos produits qui nous permet de défier la concurrence pour une foule d'articles, à quoi tient-elle, sinon à ce que nos artistes ne dédaignent pas de s'associer à nos ouvriers, et que d'un bijou ou d'un meuble ils font un chef-d'œuvre au lieu d'un objet indifférent ?

Il y a donc là un intérêt de premier ordre. La propriété artistique est fondée sur le travail aussi bien que la propriété commerciale, et si quelque chose l'en distingue, c'est que le capital y joue un moins grand rôle, et que le génie de l'individu y prend plus de part ; c'est une propriété

(1) Affaires Farina, Moreau, etc.

plus intime, plus personnelle que l'autre, et à ce titre elle mérite peut-être une plus étroite protection.

Il faut rendre cette justice au législateur, qu'il a compris toute l'importance de cette propriété, sœur de la propriété littéraire. Depuis vingt ans on a cherché tous les moyens de protéger en France et au dehors le dessinateur, le graveur, le modeleur, en un mot : l'artiste. De leur côté, les tribunaux sont entrés dans la pensée du législateur; ils ont soutenu, garanti cette propriété nouvelle à mesure qu'elle s'est formée, et l'esprit de la jurisprudence a toujours été de protéger les inventeurs.

De toutes les industries nouvelles où l'art s'est mêlé, la photographie est peut-être celle qui est la plus personnelle, qui tient le plus à l'individu. Un photographe est un artiste. Comme le peintre, il faut qu'il sache placer son modèle dans un jour favorable. Comme le peintre aussi, et avec moins de ressources, il faut qu'il fasse naître sur la figure du modèle cette expression qui est la vie d'un portrait.

Dans une industrie si voisine de l'art, il est aisé de sentir que le nom de l'artiste a une grande valeur, et que ce nom constitue toute la fortune de l'établissement. Quand on fait faire son portrait, ce qu'on demande au photographe comme au peintre, ce n'est pas seulement la ressemblance matérielle, c'est une reproduction intelligente et qui soit signée d'un nom connu. Ce nom, personne n'a le droit de le porter, que celui qui l'a rendu populaire; le lui prendre est un acte aussi peu légitime que de prendre la raison sociale ou l'enseigne d'un négociant. Le tort est le même et le dommage équivalent.

Voilà les principes. Changeront-ils quand au lieu d'un nom il s'agira d'un pseudonyme? On n'en voit pas la raison.

Qu'est-ce qu'un pseudonyme? Je ne parle pas de ces déguisements honteux derrière lesquels l'injure et la calomnie s'embusquent pour assassiner les gens; en pareil cas le pseudonyme ne fait qu'ajouter au délit; mais c'est là une de ces rares exceptions qui ne méritent pas de nous occuper. Un pseudonyme est d'ordinaire un masque transparent, derrière lequel se cache un écrivain ou un artiste qui ne veut pas livrer son nom à la publicité. En soi, c'est chose parfaitement licite et qui ne fait tort à personne. Que, par exemple, un homme d'esprit comme Cham ne veuille pas jeter au public le nom de sa famille, c'est une conduite qu'approuveront tous ceux qui savent par expérience que parfois la foule est dédaigneuse à l'endroit de ceux qui l'instruisent en l'amusant. De quel droit blâmer cette prudente réserve? Celui qui fait un livre ou un tableau ne soumet aux curieux que son œuvre; il ne leur doit point son nom ; il est donc libre de conserver l'anonyme; il est libre également de signer d'un titre imaginaire. Pourvu qu'il ne prenne pas le nom d'autrui, nul n'a le droit de contrarier cette innocente fantaisie.

Mais quand le pseudonyme a été accueilli par le public, quand l'opinion s'y est attachée, quand cette médaille frappée un peu au hasard est devenue une monnaie que tout le monde accepte et recherche, le pseudonyme devient alors un nom véritable; il a la même valeur que le nom de famille; il a droit au même respect et à la même protection.

Et en effet, qu'est-ce qui constitue la valeur d'un nom? Sont-ce les syllabes qui le composent? Est-ce le hasard qui nous l'a donné en naissant? Non, sans doute; ce qui fait le prix de notre nom, c'est notre travail, ou celui de nos pères; il ne vaut rien s'il ne représente notre effort et notre industrie. C'est la même raison qui fait la valeur d'un pseudonyme; là aussi c'est le travail qui, d'un mot insignifiant, fait un nom connu et quelquefois célèbre. S'il y a une différence, j'oserai dire qu'elle est tout à l'avantage du pseudonyme; car enfin notre nom de famille ne nous appartient pas toujours tout entier; nous avons des frères, des parents qui s'appellent comme nous, il y a peut-être des étrangers qui ont le même droit; mais le pseudonyme que nous avons imaginé n'appartient et ne peut appartenir qu'à nous seuls, ce n'est ni un héritage, ni une propriété de famille. Nous n'avons fait tort à personne en le créant; nous ne faisons de tort à personne en en demandant la propriété exclusive; et c'est bien notre travail seul que protége la justice quand elle nous garantit un nom qui nous est aussi personnel que notre industrie.

Douterait-on que ce soit l'œuvre de l'artiste qui fasse tout le prix de son nom? il suffirait de regarder autour de soi pour rencontrer à chaque pas des pseudonymes illustres qui ont fini par éclipser le nom véritable, et qui certainement ont plus de valeur que lui. Le nom qu'ils ont rendu célèbre, c'est leur personne même; le nom véritable n'est plus qu'un déguisement, qu'un masque qui sert à garder l'*incognito*. Tout le monde admire l'esprit philosophique et fin de Gavarni, mais qui connaît M. Chevalier? Bertall a fait rire bien des gens qui n'ont jamais entendu parler de M. d'Arnous; George Sand est plus célèbre que madame Dudevant, et quand M. Eugène Guinot a voulu signer ses *Causeries* de son véritable nom, il a été obligé de se recommander de son pseudonyme, et de mettre son esprit sous la protection de Pierre Durand. Quand la popularité, quand l'honneur, quand la célébrité se sont ainsi attachés à un pseudonyme, quand les éditeurs se disputent la signature inventée, et ne donneraient qu'un prix médiocre de la signature véritable, car la première est connue et la seconde ignorée, comment prétendrait-on que le pseudonyme est chose sans valeur, qu'il n'appartient à personne, et qu'il n'a aucun droit à la protection des lois ?

Les principes établis, venons maintenant aux faits.

POINT DE FAIT

Dans le procès soumis à la Cour, il s'agit d'un pseudonyme connu depuis longues années, et dont on se dispute la propriété. Ce pseudonyme a-t-il une valeur? Il serait puéril d'insister sur un point aussi clair. Pour que deux frères portent leur dissentiment devant la justice, il faut qu'il y ait en jeu un intérêt sérieux : intérêt d'honneur, intérêt d'argent. Comme artiste, M. Félix Tournachon a raison de réclamer pour lui seul le nom qu'il a rendu populaire. Comme photographe, il a un droit qui n'est pas moins respectable. Il est trop certain que la création d'un grand atelier de photographie, d'un atelier placé dans la situation la plus favorable et portant le nom de Nadar jeune, entraîne une confusion fâcheuse, et cause le plus grand préjudice à celui qui croit avoir seul le droit de s'appeler Nadar. Toute la question est de savoir si cette prétention est légitime, et si vraiment M. Félix Tournachon est le propriétaire exclusif du nom qu'il revendique devant la Cour.

Pour cela, il faut savoir quand et comment ce nom a été créé; car ici la date pourrait bien décider le procès. Si le surnom de Nadar a appartenu de tout temps à la famille Tournachon, ce peut être une question que de savoir si la notoriété qu'un des frères lui a acquise peut justifier des prétentions exclusives; mais si c'est un surnom dont la date est relativement récente, s'il n'a été donné qu'à M. Félix Tournachon, si pendant vingt ans il n'a été porté que par lui, il est difficile de voir sur quel fondement M. Adrien Tournachon appuie ses prétentions.

Or, en ce point, M. Félix Tournachon fournit des preuves irrécusables; il apporte le témoignage de ceux même qui ont été ses parrains. Ce sont des compagnons de jeunesse qui, il y a vingt ans, l'ont affublé de ce surnom qu'il a rendu populaire. C'est de ce nom qu'il a signé son premier dessin et son premier livre, et jusqu'en 1853, lui seul s'est servi du pseudonyme qu'on lui dispute aujourd'hui. Bien plus, et malgré une concurrence qu'il considère comme une usurpation, sa réputation est si solidement fondée, que, même en ce moment, on ne connaît guère que lui. Pour le public, il n'existe qu'un seul Nadar, le spirituel critique du jury d'exposition, l'auteur des jolies nouvelles de *Quand j'étais étudiant*, le créateur du Panthéon Nadar. Quand on veut un portrait signé de ce nom, c'est à lui seul qu'on pense. Des gens qui n'aiment pas à rire peuvent se montrer plus difficiles que le public, et critiquer le rival de Cham et de Daumier, mais la notoriété du nom est incontestable, et cette notoriété, personne jusqu'à présent ne la partage : elle appartient tout entière à celui qui l'a conquise par son travail.

Si la Cour avait besoin de s'éclairer sur ce fait important dans la cause, elle trouvera au dossier cent trente-quatre lettres des artistes et des écrivains les plus en vogue, qui ne lui laisseront pas le moindre doute. Il suffit de parcourir, même rapidement, cette curieuse collection d'autographes, pour s'assurer que, dans le monde des arts et des lettres, il n'y a jamais eu deux Nadar; et ce n'est pas une des moindres singularités du procès, qu'une des parties se prétende Nadar *jeune*, quand Nadar *aîné* n'a jamais existé.

De quel droit maintenant M. Adrien Tournachon peut-il prendre le nom de Nadar jeune? Est-ce en vertu de sa naissance? Mais M. Adrien Tournachon avait treize ans quand le surnom de Nadar a été donné à son frère. A moins de preuves contraires, ce n'est pas un héritage de famille dont il puisse demander la moitié.

Est-ce comme frère que M. Adrien Tournachon réclame le partage du surnom? Ce serait une prétention sans exemple et sans fondement. Un pseudonyme est chose individuelle. Le frère de M. Paul Lacroix s'est fait un nom dans les lettres, mais il ne s'est pas déclaré le cadet du bibliophile Jacob; car c'était là un titre qui ne pouvait appartenir qu'à l'inventeur. Il n'y a point de place ici pour la fraternité. La loi reconnaît des frères légitimes et même des frères naturels, mais elle n'a pas encore reconnu des frères pseudonymes.

Il est nécessaire d'insister sur une distinction aussi élémentaire ; car là est la solution et aussi la moralité du procès. Si le pseudonyme est par essence une chose toute personnelle, si la famille n'y a aucun droit, et si les faits sont tels que M. Félix Tournachon les affirme, il est par trop évident que M. Adrien Tournachon ne peut à aucun titre prétendre au nom de Nadar. Il n'y a pas plus de droit que le premier venu.

Les juges consulaires en ont cependant décidé autrement ; et pour cela ils se sont fondés sur un principe qui en droit ne me paraît pas admissible.

« Attendu, est-il dit dans le jugement du 22 août 1856, que Félix Tournachon a à » s'imputer *le tort de n'avoir pas revendiqué plus tôt le droit* qu'il prétend exister au- » jourd'hui ;

» Qu'Adrien Tournachon a en effet conquis comme photographe une notoriété incon- » testable, que *ses travaux lui ont fait décerner sous le nom de Nadar jeune des récom-* » *penses honorifiques par le jury de l'Exposition* ;

» Qu'en présence de ces *résultats acquis*, Félix Tournachon ne saurait *prétendre à* » *bon droit à l'usage exclusif du nom de Nadar.* »

Je laisse de côté la question de fait. Si la Cour veut jeter les yeux sur le mémoire de M. Félix Tournachon, elle verra que dès le premier jour de l'usurpation, M. Félix Tournachon a réclamé la propriété du nom de Nadar ; et s'il a épuisé les voies amiables avant de s'adresser à la justice, la Cour comprendra l'hésitation d'un frère, et ne lui fera pas un reproche d'un retard trop honorable pour ne pas porter son excuse avec lui.

Mais en droit, et alors même que M. Félix Tournachon eût fait preuve d'une plus longue patience, en quoi ce silence aurait-il autorisé M. Adrien Tournachon à prendre un nom qui ne lui appartient à aucun titre ? en quoi ce silence équivaudrait-il à une renonciation ? Ce pseudonyme que je crée, qui est à moi seul, et qui souvent a plus de valeur pour moi que le nom même que j'ai reçu en naissant, est-ce donc qu'il appartient à quiconque s'en empare ? Est-ce une chose publique, une *res nullius*, qui est au premier occupant, et dont on prescrit la propriété par un ou deux ans, ou seulement même quelques mois ? Quelqu'un a-t-il le droit de se dire mon frère en prenant un nom qui n'a pas de famille ? Un frère est-il un usurpateur privilégié en pareil cas, et peut-il prendre sa part d'un pseudonyme, tandis que l'étranger serait repoussé sans avoir moins de droit ? Dans nos lois comme dans la jurisprudence, je ne vois rien qui autorise de pareilles théories, et cependant il faut les admettre pour expliquer le jugement du Tribunal. Évidemment, s'il se fût agi d'un nom véritable, d'un nom de famille usurpé par un étranger, les juges consulaires se fussent montrés plus sévères; leur erreur est venue de n'avoir pas compris qu'un pseudonyme n'est pas moins respectable qu'un vrai nom, et qu'il a droit aux mêmes garanties. Ce principe reconnu, la décision du Tribunal n'est pas recevable; elle blesse la plus intime et la plus certaine des propriétés, celle du nom.

Quant à la *notoriété* que s'est acquise M. Tournachon Nadar jeune, quant aux *récompenses honorifiques* qui lui ont été décernées par le jury d'exposition sous le nom de Nadar jeune, je dirai avec le Tribunal : Ce sont là *des résultats acquis*, mais j'ajouterai, ces résultats ne sont pas des droits.

La notoriété est une notoriété de nulle valeur si M. Adrien Tournachon n'avait pas le droit de se nommer Nadar jeune; lui donner gain de cause pour un pareil motif c'est décider ce qui est en question, c'est déclarer que l'usurpation constitue le droit; c'est établir une prescription bien courte et que la loi n'établit nulle part.

Les récompenses du jury s'adressent au travail et non pas à la personne. Le jury examine l'œuvre qu'on lui présente et ne se mêle pas de questions d'état. Est-ce que M. Félix Tournachon eût été reçu à faire signifier au jury défense de s'occuper de son frère sous le nom de Nadar jeune? Non, sans doute. Le jury a fait son devoir en récompensant des photographies estimables; la dispute du nom regarde les tribunaux. Jamais le jury n'a eu à prononcer entre les deux frères; il n'a ni dépouillé l'un ni enrichi l'autre; sa décision, tout artistique, ne préjuge en rien un procès civil.

Si M. Adrien Tournachon n'avait nullement le droit de prendre de son chef le nom de Nadar jeune, et si ce nom, il n'a pu le prescrire, il ne lui reste qu'un seul moyen de défense, c'est de prétendre que son frère lui a permis de le porter. A vrai dire, c'est la seule façon possible d'acquérir une part dans un pseudonyme. Un pseudonyme est chose si personnelle qu'on ne comprend pas qu'un tiers puisse en user, s'il n'y a pas cession, donation, aveu de la part du véritable et seul titulaire.

Cet aveu, le tribunal semble en admettre l'existence dans un des considérants du jugement.

« Félix Tournachon ne saurait à bon droit prétendre à l'usage exclusif du nom de
» Nadar, alors surtout que dans sa correspondance il a donné à son frère le nom de
» Nadar jeune. »

Il existe en effet une lettre, une seule, qui porte cette adresse, lettre dont il faut rapporter la date; car lorsqu'on sait dans quelles circonstances cette lettre a été écrite, on voit qu'au lieu de servir les prétentions de M. Adrien Tournachon, elle les renverse complétement.

Après avoir fait apprendre la photographie à son frère, et avoir payé cette éducation de ses propres deniers, M. Félix Tournachon a été sur le point de s'associer avec son frère, et il a apporté dans la maison nouvelle son argent et son nom. Il a créé un Nadar jeune comme il avait créé le premier Nadar. C'était son droit, et j'ajoute, lui seul avait le droit d'en agir de la sorte.

Ce commencement d'association, il n'est pas possible de le nier, puisqu'il existe un arbitrage amiable, constitué par les deux frères, et qui liquide leur communauté.

Est-il vrai que M. Félix Tournachon apportait dans cette communauté le nom de Nadar jeune? Cela est évident, puisque lui seul pouvait l'y mettre; il y apportait plus encore, il y apportait la signature dont il marque tous ses dessins. L'affiche signée Nadar jeune, faite par M. Félix Tournachon, est la griffe même de Nadar; et pour le dire en passant, si M. Adrien Tournachon n'a pas reçu cette griffe de son frère, encore bien qu'il fasse suivre le nom de Nadar du signe J^{ne}, les portraits qu'il signe ainsi sont entachés de contrefaçon.

Ce projet d'association n'a pas eu de suite; la communauté s'est dissoute, sans que M. Félix Tournachon ait rien à s'imputer dans cet événement; M. Félix Tournachon a aussitôt réclamé son nom et son argent. On ne peut pas lui rendre l'un et lui garder l'autre.

Contestera-t-on les faits qu'avance M. Félix Tournachon? on se trouvera placé dans le dilemme suivant.

Ou il y a eu association, ou il y a eu donation; car, je crois l'avoir suffisamment prouvé, le nom de Nadar jeune n'a pu venir en la possession de M. Adrien Tournachon que de l'une de ces deux façons. Ne le possédant pas par lui-même, il faut nécessairement qu'il l'ait acquis ou qu'on le lui ait donné.

S'il y a eu commencement d'association, communauté quelconque, M. Félix Tournachon a le droit de reprendre le nom qu'il a mis dans la future société. S'il y a eu donation, prouvez-le? Apportez des pièces qui constatent que M. Félix Tournachon a donné à son frère son nom, sa griffe, et qu'il s'est dépouillé pour lui avec une générosité aveugle et dont il est médiocrement récompensé. Jusqu'à ce que ces preuves soient fournies, il sera permis de douter qu'un artiste sacrifie ainsi en un jour ce qu'il a de plus précieux au monde, c'est-à-dire son nom.

Si vous niez l'association, si vous ne pouvez prouver la donation, alors vous avez pris indûment un pseudonyme qui n'est à vous à aucun titre, et la cause est jugée.

Je soumettrai à la Cour une dernière réflexion. Supposons que le jugement du Tribunal de commerce soit infirmé; quel préjudice éprouvera M. Adrien Tournachon quand il lui sera défendu de s'appeler Nadar jeune?

Se plaindra-t-il d'avoir porté quelque temps le nom de Nadar? Mais ce nom lui a servi à établir sa maison et à lui acquérir une popularité qui lui restera au moins en partie.

Lui ôtera-t-on son talent? En sera-t-il moins lauréat de l'Exposition? N'est-il pas déjà connu sous le nom de Tournachon? Sa position ne sera donc pas changée.

Il perdra des clients; mais lesquels? ceux-là seulement qui tiennent à être photographiés par son frère; ceux qui veulent que leur portrait soit signé par l'auteur du Panthéon Nadar, par le dessinateur ingénieux. Est-ce là une clientèle que M. Adrien Tournachon ait le droit de retenir?

Au contraire, supposons que la Cour confirme le jugement du Tribunal consulaire, n'est-il pas évident que M. Félix Tournachon se trouve lésé par une concurrence qu'il ne devait pas craindre? Le nom qu'il a créé sert à la fortune d'un autre, de trois autres, dont deux lui sont complétement inconnus; la popularité qu'il a acquise profite à un plus heureux que lui. Et si par hasard ce rival privilégié a trouvé un meilleur emplacement, s'il est plus en vue du public, s'il a rencontré des bailleurs de fonds plus riches et plus actifs, ne pourra-t-il pas arriver que la clientèle se détourne du véritable Nadar sans qu'il ait rien à se reprocher? ne se trouvera-t-il pas dépouillé du fruit d'un long travail?

N'y a-t-il pas là quelque chose de contraire à l'équité ; et si humble que soit un nom, n'est-il pas juste qu'il serve à celui-là seul qui l'a honoré par un labeur incessant ?

La Cour ne voudra pas qu'on dépouille un artiste de ce nom, conquis par dix-sept ans d'efforts et qui est son seul patrimoine. En même temps elle fixera la jurisprudence dans le sens qu'indique la justice en déclarant qu'un pseudonyme est aussi respectable qu'un nom, que c'est là une propriété fondée sur le travail, et qui ne peut appartenir qu'à celui qui l'a créé. Ce sera une nouvelle garantie accordée par la Cour aux inventeurs et aux artistes qui ont toujours trouvé près d'elle appui et protection.

ÉDOUARD LABOULAYE,

Professeur de Législation comparée au Collége de France, membre de l'Institut.

Paris, 25 novembre 1857.

Paris. — Typ. de M⁰ˢ V⁰ Dondey-Dupré, rue Saint-Louis, 46, au Marais.

CONSULTATION

M. FÉLIX TOURNACHON-NADAR

PAR

Me FÉLIX LIOUVILLE

Bâtonnier de l'ordre des Avocats à la Cour impériale de Paris.

Le Conseil soussigné,

Qui a vu :

1° Un Mémoire intitulé : *Exposé de motifs pour la revendication de la propriété exclusive du pseudonyme* NADAR ;

2° Un deuxième Mémoire intitulé : *Jugement*, etc., *et supplément au Mémoire* ;

Consulté par M. Félix Tournachon-Nadar,

A été d'avis des résolutions suivantes :

§

Il s'agit de concurrence commerciale ; est-elle loyale ou déloyale ?

Voilà la question principale.

Si elle n'est pas loyale, peut-on interdire de prendre, dans le commerce, le nom dont l'emploi fait la déloyauté de la concurrence ?

Voilà la question d'exécution, la question de répression ?

CONSULTATION

La position de ces deux questions indique que nous n'hésiterions pas, s'il le fallait, à placer la difficulté plus haut et plus loin qu'on ne l'a posée en la concentrant dans la propriété du pseudonyme.

En cela, nous agissons sous l'empire du sentiment de loyauté que les tribunaux ont toujours voulu faire respecter par la concurrence commerciale.

La concurrence est fille de la liberté du commerce ; il faut l'accepter avec ses avantages pour le public et ses inconvénients pour les commerçants. Mais il ne faut l'accepter que comme toutes les conséquences de la liberté, c'est-à-dire avec la loyauté pour compagne.

De là cette jurisprudence qui a été jusqu'à interdire à certains individus d'employer *leur propre nom de famille* dans le commerce et de le mettre sur leurs enseignes et factures. Ainsi, le paysan italien *Jean Farina*, ainsi, *Moreaux, fils de la mère Moreaux*, etc., qui tenaient leurs noms de la nature et de la loi, et à qui on ne les a laissés qu'en dehors d'une concurrence déloyale.

Si la justice a été jusqu'à cette rigueur, avec l'approbation des jurisconsultes et les applaudissements de tous les gens honnêtes, à plus forte raison a-t-elle le droit de prendre de semblables mesures quand il s'agit d'un pseudonyme dont on ne dispute pas la création et la propriété primitive à M. Félix Tournachon, et qu'on lui emprunte en y ajoutant la qualité de *jeune*.

§

Ceci entendu, la concurrence que l'on fait avec ce pseudonyme est-elle loyale ?

En admettant prouvés les faits consignés dans les deux Mémoires, la négative est évidente.

C'est un surnom qu'on donne à M. Tournachon en 1837 ou 1838, que son père n'a pas porté et qui ne lui arrive à lui-même que lorsque son frère a déjà douze ou treize ans.

Il l'accepte ; il le rend célèbre dans les lettres et dans les arts ;

Il en fait sa dénomination personnelle, et seul il le porte jusqu'au moment où se forme une association avec son frère, qui jusqu'alors n'a pas pensé à le prendre.

Dans l'association, le nom de *Nadar* est apporté par Félix Tournachon avec une modification ; ce n'est plus *Nadar*, c'est *Nadar jeune*.

Par ce mot, *Nadar jeune* ne désigne pas M. Adrien Tournachon, M. Tournachon jeune, car la raison sociale porte :

A. TOURNACHON (c'est-à-dire Adrien Tournachon, Tournachon jeune) NADAR JEUNE (c'est-à-dire Félix Tournachon) ET Cᵉ.

Lors donc que, l'association étant rompue, M. A. Tournachon prend pour lui, pour son enseigne et pour ses factures, le nom de *Nadar jeune*, il le prend à son frère, et il le prend dans un intérêt de concurrence non légitime ; car il veut se faire passer pour lui.

Notre solution serait identique, lors même que dans l'association qui a duré si peu de temps, *Nadar jeune* eût été le nom donné à son frère par M. Félix Tournachon ; parce que le droit accordé par lui, d'un usage momentané de ce nom, pour une association où il avait sa part, n'était pas, de sa part, une autorisation de continuer à s'en servir, *après l'association*, et surtout de s'en servir contre lui et pour détruire son industrie particulière.

Des détails racontés par les Mémoires résulte jusqu'à l'évidence que le but poursuivi par la Compagnie Adrien Tournachon a été d'attirer à elle les personnes qui composent la clientèle de Félix Tournachon-Nadar ; de profiter de ses travaux et de sa célébrité, et de donner le change au public attiré par le pseudonyme Nadar.

C'est là ce que ne permet pas la loyauté commerciale ; c'est là ce que défend la jurisprudence de la Cour ; c'est là ce que punit tous les jours la jurisprudence du Tribunal de commerce, lequel a été évidemment trompé par quelques faits erronés ou mal compris, aujourd'hui complètement redressés dans les Mémoires ci-dessus visés.

§

Ceci admis, rien de plus naturel et de plus légal, rien de plus conforme au respect de la propriété des appellations commerciales que d'interdire à M. A. Tournachon l'usage du nom de *Nadar*, suivi ou non suivi de la qualification *jeune*.

Tel est notre avis.

Délibéré à Paris, le 2 décembre 1857, par le docteur en droit, bâtonnier à la Cour impériale de Paris, soussigné.

FÉLIX LIOUVILLE,
bâtonnier.

Paris. — Typ. Dondey-Dupré, rue Saint-Louis, 46, au Marais.

ADHÉSION DE M. BERRYER

L'ancien avocat soussigné,

Vu le mémoire à consulter de M. Félix Tournachon dit Nadar, et délibérant sur l'appel interjeté par lui du jugement rendu par le Tribunal de commerce, le 23 avril 1856;

Estime qu'il y a lieu d'infirmer le jugement susdaté, et faisant droit au principal, d'adjuger à M. Félix Tournachon dit Nadar les conclusions de sa demande primitive.

Il est impossible, en effet, de ne pas considérer la possession d'un surnom ou d'un pseudonyme acquis et connu du public dans les arts, les sciences ou le commerce, comme une propriété individuelle et exclusive, qui ne peut être de plein droit usurpée par les membres de la famille de celui qui l'a acquis comme un supplément du nom patronymique. Qu'ainsi, entre parents, le pseudonyme consacré par l'usage en faveur d'une personne ne saurait être, sans son autorisation et son consentement, adopté par ses proches, même avec la distinction d'aîné ou de jeune, de neveu ou de cousin.

Or, il n'apparaît pas que M. Félix ait jamais autorisé son frère Adrien à se présenter au public pour exercer l'industrie qu'il exerce lui-même, sous le nom de Nadar, avec ou sans la qualification distinctive Nadar jeune.

L'antériorité de la possession du pseudonyme Nadar est incontestable en la personne de M. Félix Tournachon. La cession ou la transmission de ce pseudonyme connu dans les arts et dans les lettres ne peut pas résulter de l'association momentanée qui a existé entre les deux frères. Chacun d'eux, en se séparant, a repris et retenu pour lui-même, à moins d'une stipulation contraire, ce qui lui appartenait en propre et privativement, et M. Félix s'est retiré en emportant le pseudonyme qu'il a créé, porté pendant plusieurs années et consacré dans le commerce et les arts comme désignant spécialement sa propre individualité.

De l'exposé des faits il résulte aussi que les premiers juges ont à tort considéré comme un abandon de la part de M. Félix de la propriété du surnom de Nadar, le fait qu'il aurait laissé pendant deux ans M. Adrien appeler la confiance du public sous le titre de Nadar jeune, avant de former la demande sur laquelle il s'agit de statuer aujourd'hui. En effet, les pièces produites prouvent qu'avant de se décider à recourir aux voies judiciaires pour faire triompher son droit contre son propre frère, il n'a pas cessé de réclamer et de faire connaître sa réclamation à M. Adrien, qu'il a même fait à cet égard des réserves expresses lors de l'arbitrage qui a eu lieu sur d'autres questions élevées entre les deux frères.

C'est pareillement à tort que les premiers juges ont fait un titre à M. Adrien Tournachon de ce que des récompenses publiques lui ont été accordées sous une dénomination qu'il avait usurpée et qui lui était contestée.

Au point de vue de l'intérêt purement commercial, le pseudonyme sous lequel M. Félix Tournachon s'est fait connaître est une véritable marque de fabrique, une enseigne qui ne peut être prise par une autre personne exerçant la même industrie.

Par ces motifs, le soussigné est d'avis qu'il y a lieu de mettre à néant le jugement du Tribunal de commerce.

Délibéré à Paris, ce 3 décembre 1857.

BÉRRYER,
Ancien bâtonnier.

Paris. — Typographie de Mᵐᵉ Vᵉ Dondey-Dupré, rue Saint-Louis, 46, au Marais.

ADHÉSION DE M. BERTIN

J'adhère complétement à la consultation de M. Edouard Laboulaye.

S'il n'existe pas de loi consacrant la propriété des pseudonymes, l'équité, les principes admis par la jurisprudence ne permettent pas de mettre en doute l'existence de cette propriété et le respect qui lui est dû. Personne ne saurait aujourd'hui sérieusement contester que celui qui s'est acquis une célébrité sous un nom d'emprunt, qui a fait de ce nom un patrimoine pour lui et ses enfants et quelquefois une gloire, ne peut se voir, du jour au lendemain, dépouillé par des pirates littéraires, artistiques ou industriels du nom que la faveur publique a patronné et consacré.

Le Tribunal de commerce, loin de contester le principe du droit de propriété des pseudonymes, paraît l'avoir implicitement admis.

En présence de ce principe, il y avait lieu de rechercher si, dans l'espèce, le pseudonyme *Nadar* appartenait aux deux frères Tournachon ou à l'un d'eux seulement.

Le Tribunal semble admettre que c'est M. Félix Tournachon qui, le premier, a pris le nom de Nadar et a conquis le droit de revendiquer ce nom. Les faits et les pièces produites par celui-ci ne peuvent laisser de doute à cet égard ; il est évident que dix-sept ou dix-huit ans avant que

M. Adrien Tournachon songeât à prendre le nom de Nadar, son frère Félix signait ses nombreuses productions littéraires et artistiques du nom de *Nadar*.

Cependant le Tribunal a repoussé la demande parce que, dit le jugement, M. Félix Tournachon n'a pas revendiqué son droit *assez tôt*. Mais où le Tribunal a-t-il rencontré la prescription qu'il oppose? Il aurait dû prendre au moins la peine d'indiquer quel est, suivant lui, le laps de temps qui doit s'écouler entre l'usurpation du nom et la prescription, pour que l'on sache à quelle époque précise le droit cesse d'exister.

La prescription dont parle le jugement est purement imaginaire. La prescription vraie, exacte, légale, c'est la prescription trentenaire.

D'ailleurs, M. Félix Tournachon prouve par des pièces qu'il n'a jamais cessé de protester contre l'usurpation, par son frère, du nom de *Nadar*; il explique que, pour échapper aux déplorables conséquences d'un débat public entre deux frères, il a fait tout ce qu'il était humainement possible pour amener une transaction, ou, au moins, pour concentrer la discussion dans les limites d'une discussion secrète, devant des arbitres juges du différend, et qu'il ne s'est déterminé à saisir la juridiction consulaire qu'après avoir vu échouer toutes ses tentatives.

La prescription écartée, le retard du procès expliqué, que reste-t-il? le droit pour M. Félix Tournachon de s'appeler Nadar.

A-t-il concédé ce droit à son frère? Le jugement ne reconnaît pas l'existence d'une pareille cession ; M. Adrien Tournachon ne prétend même pas que cette cession ait jamais existé.

A défaut de cession, le Tribunal invoque différentes circonstances ; M. Adrien Tournachon, dit-il, a conquis comme photographe une notoriété incontestable. — Soit. Mais de ce que M. Adrien Tournachon est devenu un grand photographe, en faut-il conclure qu'il a le droit de prendre un nom qui appartient à un autre photographe? Quiconque aura acquis une certaine célébrité dans la photographie pourra-t-il prendre le nom de *Nadar?*

Le jugement ajoute que le jury de l'Exposition a accordé des récompenses honorifiques à M. Adrien Tournachon sous le nom de Nadar jeune. — Mais ce jury a-t-il pu avoir le droit de disposer du pseudonyme

Nadar, qui était la propriété exclusive de M. Félix Tournachon, et a-t-il pu, en dehors de celui-ci, sans son concours, sans son assentiment, le dépouiller des avantages honorifiques et pécuniaires qui se rattachent au nom de Nadar?

Le jugement termine en disant que dans sa correspondance, M. Félix Tournachon a donné à son frère le nom de Nadar jeune. — A ceci, M. Félix Tournachon répond que la correspondance dont parle le Tribunal se compose d'une seule lettre écrite par lui à l'époque où les deux frères étaient associés, et alors que le nom Nadar était devenu le pavillon de l'association ; que cette association de fait et non légale, a été rompue, et qu'il a requis ses apports, dont le plus important était incontestablement son nom de Nadar ; que depuis cette époque il n'a jamais cessé de protester contre l'usage abusif que son frère a fait du nom de *Nadar*.

Cette affaire a un certain air de famille avec celles qui sont si fréquemment soumises aux Tribunaux et dans lesquelles les magistrats se montrent justement sévères pour ceux qui veulent usurper le bien d'autrui et faire pour eux ou tout au moins partager la récolte que d'autres ont préparée par de rudes travaux et des soins incessants.

Pourquoi M. Adrien Tournachon veut-il s'appeler *Nadar?* parce que le nom Nadar a conquis une valeur littéraire, artistique et pécuniaire considérable.

Qu'a-t-il fait pour porter aujourd'hui le nom de Nadar? Rien que le prendre lorsqu'il était vulgarisé et popularisé par un autre que lui.

C'est M. Félix Tournachon qui, par plus de vingt ans d'efforts, de luttes et de pénibles travaux, est parvenu à faire surgir du néant ce nom. Le temps de la moisson est arrivé, et M. Adrien Tournachon, qui n'a rien écrit, rien peint, rien publié, vient réclamer sa part d'honneurs et de profits que le nom *Nadar* a produits et doit produire.

Nous n'hésitons pas, quant à nous, à déclarer que cette prétention, mauvaise pour tous, détestable quand il s'agit d'un frère, est en contradiction manifeste avec le droit et l'équité.

BERTIN,
Avocat à la cour de Paris, rédacteur en chef du Droit.

Paris. — Typ. de Mme Ve Dondey-Dupré, rue Saint-Louis, 46, au Marais.

ADHÉSION DE M. A. MATHIEU

J'adhère pleinement à la consultation de M. Édouard Laboulaye.

Un pseudonyme, lorsqu'il a conquis la faveur publique, lorsque la renommée et la gloire sont venues le couronner, constitue pour celui qui l'a créé et illustré une propriété respectable et sacrée au même titre qu'un nom patronymique, et nul, sans se rendre coupable d'usurpation, ne peut s'en emparer. S'il y a une différence, comme le dit avec raison M. Laboulaye, elle est toute à l'avantage du pseudonyme, car il ne doit rien, lui, de l'éclat qui l'entoure, au hasard de la naissance. Il est la création spontanée de celui qui le porte; il ne lui est commun ni avec des frères, ni avec des parents. Le travail seul l'a révélé et recommandé au monde, et la justice lui doit protection comme à tous les fruits du travail.

Si l'usurpation doit être réprimée quand il s'agit d'un pseudonyme illustré dans les lettres ou dans les arts, combien cela n'est-il pas vrai, lorsqu'il s'agit d'un art qui, sans déroger pour cela, touche de si près à l'industrie, ou, pour mieux dire, constitue une belle et lucrative industrie. L'usurpation alors ne peut revendiquer l'indulgence ironique que la vanité provoque souvent; elle n'est plus que la convoitise du bien, de la fortune d'autrui, une atteinte à une propriété commerciale.

Ces principes semblent évidents.

M. Félix Tournachon peut-il en réclamer le bénéfice ?

Le mémoire à consulter ne laisse sur ce point aucun doute.

1° Le nom de Nadar n'est point un surnom qui, appliqué à sa famille, pourrait appartenir à son frère au même titre qu'à lui-même ; c'est lui qui l'a créé, illustré, porté pendant vingt ans.

2° Il n'est pas exact de dire, comme l'a fait le Tribunal de commerce, que l'établissement de photographie, fondé en 1853 par Adrien Tournachon, a été exploité par ce dernier sous le nom de Nadar jeune. L'établissement a été fondé par le frère aîné ; lorsque leur association a été rompue, presque à son début, M. Félix Tournachon a protesté contre l'usage abusif que l'on entendait faire du nom de Nadar. Ses protestations, depuis lors, ont été incessantes, et le mépris qu'on en a fait ne saurait légitimer l'usurpation.

Délibéré à Paris, le 3 décembre 1857.

A. MATHIEU,
Avocat à la Cour impériale.

Paris. — Typographie de Mᵐᵉ Vᵉ Dondey-Dupré, rue Saint-Louis, 46.

ADHÉSION DE M. A. PLOCQUE

L'avocat à la Cour impériale soussigné,

Vu :

1° Un jugement du Tribunal de commerce de la Seine en date du 23 avril 1856 ;

2° Un mémoire à consulter de M. Félix Tournachon dit Nadar, et un Écrit du même, intitulé : *Supplément au mémoire* ;

3° La consultation délibérée par M. Édouard Laboulaye ;

Est d'avis des résolutions suivantes :

M. Félix Tournachon est incontestablement créateur, et, par conséquent, seul et unique propriétaire du pseudonyme Nadar. C'est lui qui le premier en a fait la notoriété ;

C'est lui seul qui, à l'origine, a conquis, sous ce nom, place dans le monde littéraire et artistique.

Il est à la connaissance personnelle du soussigné que, dans l'année 1854, lorsque M. Adrien Tournachon, intimé, a commencé à exposer des épreuves photographiques au devant d'un établissement situé sur l'ancien boulevard des Capucines, il signait ses œuvres du nom A. Tournachon, et inscrivait uniquement ce nom sur ses montres d'exposition placées à sa porte (1).

---

(1) M. F. T. Nadar se permet d'appeler l'attention sur la déclaration contenue dans ce paragraphe, déclaration inattendue et précieuse, selon lui, pour l'édification sur la question de fait.

Si, depuis cette époque, M. Félix Tournachon a permis que son frère, Adrien Tournachon, fît usage du nom de Nadar, et si même, dans une lettre, unique au procès, il l'a appelé de ce nom, les pièces produites démontrent que ç'a été uniquement en vue d'une association dès lors arrêtée entre eux, et sous la foi de la réalisation définitive de cette association.

L'association, après une courte durée, s'est trouvée rompue, et, dès lors, le pseudonyme Nadar, apport principal et propriété privative de M. Félix Tournachon, lui a fait retour, et son frère s'est désormais trouvé sans droit pour en continuer l'usage.

Que si aujourd'hui M. Adrien Tournachon prétend s'en emparer, non pas même dans son intérêt personnel, mais au profit d'une société dont ce pseudonyme est devenu, en partie principale, la raison commerciale, c'est là évidemment une usurpation de nom et un moyen de concurrence déloyale.

C'est en vain qu'on voudrait opposer à M. Félix Tournachon une sorte de tolérance passive. En effet, il justifie de ses protestations itératives, toutes faites en temps utile. Et d'ailleurs, comment admettre qu'une tolérance en pareille matière, fût-elle constante, puisse constituer de la part de M. Félix Tournachon une renonciation formelle à une propriété aussi justement personnelle que celle d'un nom, création du travail et du talent ?

Déterminé par ces motifs, le soussigné estime que l'appel de M. Félix Tournachon est fondé et justifié en fait et en droit et que la justice de la Cour ne fera pas défaut à l'appelant.

A. PLOCQUE,
Avocat à la Cour impériale.

Paris. — Imprimerie de M⁻ᵉ Vᵉ Dondey-Dupré, rue Saint-Louis, 46, au Marais.

www.ingramcontent.com/pod-product-compliance
Lightning Source LLC
Chambersburg PA
CBHW070156200326
41520CB00018B/5417